宗祖日蓮大聖人御聖誕八百年記念

日蓮大聖人略伝

発刊の辞

このたび、宗祖日蓮大聖人御聖誕《せいたん》八百年の大佳節《かせつ》に当たり、御報恩のため『日蓮大聖人略伝』を発刊することとなりました。

本書は『日蓮大聖人正伝』（昭和五十六年・日蓮大聖人第七百御遠忌《おんき》記念出版）および『日蓮正宗入門』（平成十四年・宗旨建立七百五十年慶祝記念出版）等をもとに、内容を抜粋・再編したものです。

日蓮大聖人は、今から八百年前の貞応《じょうおう》元（一二二二）年二月十六日、安《あ》房国長狭郡《わのくにながさのこおり》東条郷片海《かたうみ》（現在の千葉県鴨川《かもがわ》市）に誕生されました。

その御一生は、南無妙法蓮華経の宗旨建立以来、正法弘通《ぐずう》による法難の連続でありました。それは法華経に予証された振る舞いであり、正《まさ》しく大聖人こそ、末法出現の御本仏であることを証明するものです。

大聖人は、弘安二（一二七九）年十月十二日、御年《おんとし》五十八歳の時、一期《いちご》

御化導の究竟《くきょう》として、出世の本懐たる本門戒壇の大御本尊を御図顕あそばされ、御入滅に当たり、その仏法の一切を唯授一人《ゆいじゅいちにん》の血脈相承《けちみゃくそうじょう》をもって第二祖日興上人に付嘱されました。以来七百三十余年、連綿と承継され、今日、第六十八世日如上人に至っています。本宗の命脈は、この本門戒壇の大御本尊と唯授一人の血脈法水《ほっすい》に存します。

本宗僧俗各位には、本書を熟読し、大聖人の破邪顕正《はじゃけんしょう》、死身弘法《ししんぐほう》の御精神を拝し、正法護持・広宣流布のために更なる折伏弘通に邁進《まいしん》せられるよう切望いたします。

令和三年二月十六日

宗祖日蓮大聖人御聖誕八百年慶祝記念局

委員長　八　木　日　照

目次

引用書名略号

御　書―平成新編日蓮大聖人御書（大石寺版）
聖　典―日蓮正宗聖典（改訂版）
法華経―新編妙法蓮華経並開結（大石寺版）
文　段―日寛上人御書文段

御誕生

日蓮大聖人は、貞応《じょうおう》元（一二二二）年二月十六日、安房国長狭郡《あわのくにながさのこおり》東条郷片海《かたうみ》（千葉県鴨川市《かもがわ》）の漁村に、三国大夫《みくにのたいふ》（貫名《ぬきな》次郎）重忠《しげただ》を父とし、梅菊女を母として誕生され、幼名《ようみょう》を善日磨《ぜんにちまろ》と名付けられた。

大聖人は、この御自身の出生《しゅっしょう》について、

「日蓮今生《こんじょう》には貧窮下賤《びんぐげせん》の者と生まれ旃陀羅《せんだら》が家より出《い》でたり」

（佐渡《さど》御書・御書五八〇ページ）

「日蓮は安房国東条片海の石中《いそなか》の賤民《せんみん》が子なり」

（善無畏三蔵《ぜんむいさんぞう》抄・同四三八ページ）

と、当時の身分制度のなかで最も低いとされる階層から出られたことを述べられている。このことは、大聖人が示同凡夫《じどうぼんぷ》（仏が凡夫と同じ姿を示すこと）のお立場から、下根下機《げこんげき》の末法《まっぽう》の一切衆生《いっさいしゅじょう》を救われるという仏法上の深い意義を顕すものである。

大聖人の御誕生前年の承久《じょうきゅう》三（一二二一）年には、朝廷方《がた》が北条義時《よしとき》らの鎌倉幕府に敗《やぶ》れ、しかも後鳥羽上皇《ごとばじょうこう》が隠岐《おき》に、土御門《つちみかど》上皇が土佐《とさ》に、順徳上皇が佐渡に配流《はいる》されるという未曽有《みぞう》の大事件（承久の乱）が起こった。このような下克上《げこくじょう》の混乱は、経典に説かれる五濁《ごじょく》悪世の末法の様相そのものであった。

現在の片海付近

入門

善日麿の幼少期、世間においては悲惨《ひさん》な事件が相次《あいつ》ぎ、大風雨《ふうう》や干《かん》ばつなどの天災によって大飢饉《ききん》も発生し、世情の不安は募《つの》るばかりであった。聡明鋭敏《そうめいえいびん》な善日麿は、前述の承久の乱をはじめとする数々の凶相《きょうそう》は何によるのかという疑問を持つに至り、それら社会の混乱を引き起こす原因を突き止めるため、天福《てんぷく》元（一二三三）年、十二歳の時から「日本第一の智者」となろうと学問を志し、片海にほど近い清澄寺の道善房《どうぜんぼう》のもとへ入門された。入門後の善日麿は、

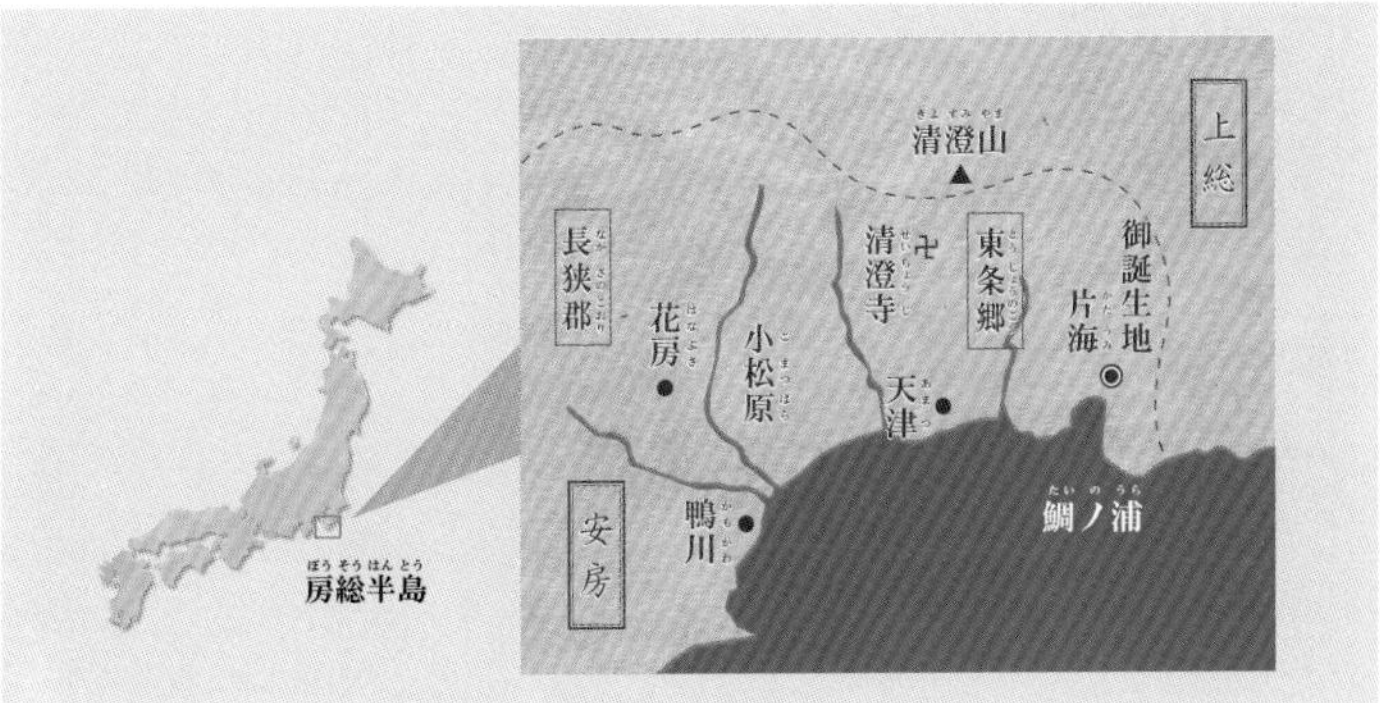

片海周辺図

主に兄弟子の浄顕房《じょうけん》・義浄房《ぎじょう》の二人から、仏典を中心とした読み書きと一般的な教養を学び、生来《せいらい》の才能と求道心《ぐどうしん》によって、その智解《ちげ》を深めていった。

このようななかで、入門以前からの疑問が善日麿の心中で次第に明確な形となって表れてきた。

その一つは、承久の乱において、天皇方は鎮護《ちんご》国家を標榜《ひょうぼう》する天台《てんだい》・真《しん》言《ごん》等の高僧により、調伏《じょうぶく》の祈祷《きとう》をあらんかぎり尽くしたにもかかわらず惨《ざん》敗《ぱい》し、三上皇が島流しに処せられてしまったのはなぜか。

二つには、釈尊《しゃくそん》の説いた教えが各宗に分かれ、それぞれ優越性を主張しているが、釈尊の本意はただ一つなのではないか。

三つには、安房地方の念仏を称《とな》える行者の臨終《りんじゅう》が苦悶《くもん》の姿、悪相を現じたのはなぜか、というものであった。

得度《とくど》・諸国遊学《ゆうがく》

善日麿は嘉禎《かてい》三（一二三七）年、十六歳の時、幼少から抱《いだ》いていた疑問の解決と衆生の救済、そして仏法の真髄《しんずい》を究《きわ》めるために出家得度《しゅっけとくど》し、名を是聖房蓮長《ぜしょうぼうれんちょう》と改め、日々の修行に精進《しょうじん》し、昼夜を分《わ》かたず研学《けんがく》に励まれた。

そして、清澄寺所蔵の経巻・典籍《てんせき》をことごとく読み尽くした蓮長は、十八歳の時、さらに深い研鑽《けんざん》の志を抱いて、諸国へ遊学《ゆうがく》された。

後年、日蓮大聖人が、

「鎌倉・京・叡山《えいざん》・園城寺《おんじょうじ》・高野《こうや》・天王寺《てんのうじ》等の国々寺々あらあら習ひ回り候」（妙法比丘尼《びくに》御返事・御書一二五八ページ）

と述べられているように、この遊学は、多くの仏典・書籍を求め、政治・

経済の中心地であった鎌倉や、当時の仏教の中心地とも言うべき比叡山延暦寺《えんりゃくじ》をはじめとする古刹《こさつ》を歴訪《れきほう》された旅で、それは十四年間にもわたった。

十二歳の入門以来、長い修学のなかで会得《えとく》されたことは、一には既成仏教の諸宗が釈尊の本義に背《そむ》き、すべての災《わざわ》いの根源であるということ。二には末法に弘《ひろ》めるべき法は法華経《ほけきょう》の肝心たる妙法五字であり、自身こそ、この要法《ようぼう》をもって末法濁悪《じょくあく》の世を救済する地涌上行菩薩《じゆじょうぎょうぼさつ》の再誕《さいたん》であるとの自覚であった。

大聖人の遊学の経路

宗旨建立《しゅうしこんりゅう》

㈠ 内証宣示《ないしょうせんじ》

遊学の旅を終えた蓮長は、建長《けんちょう》五（一二五三）年の春、三十二歳の時に故郷の清澄寺に帰山し、深い思索を重ねたあと、いかなる大難が競い起ころうとも「南無妙法蓮華経」の大法を弘通しなければならないとの不退転《ふたいてん》の決意を固められた。そして三月二十八日の明け方、蓮長は清澄山の頂《いただき》・嵩《かさ》が森に歩みを運び、昇り来たる太陽をはじめとする宇宙法界に向かって、「南無妙法蓮華経　南

宗旨建立

無妙法蓮華経　南無妙法蓮華経」と題目を唱え出《い》だされた。これは、蓮長自身の内面の悟り、内証《ないしょう》の題目を初めて開示するものであった。その後、清澄寺において、少々の人々に対して念仏無間《むけん》等の法門を説かれた。

㈡ 日蓮の二字

宗旨建立《しゅうしこんりゅう》を機に、蓮長は今までの名を自ら改めて「日蓮」と名乗られた。

これは法華経従地涌出品《じゅうじゆじゅっぽん》第十五の、

「世間の法に染《そ》まざること　蓮華の水に在《あ》るが如《ごと》し」

（法華経四二五ページ）

の経文と、如来神力品《にょらいじんりき》第二十一の、

「日月《にちがつ》の光明《こうみょう》の　能《よ》く諸《もろもろ》の幽冥《ゆうみょう》を除《のぞ》くが如く　斯《こ》の人世間に行じて

能く衆生の闇《やみ》を滅し」（同五一六ジペー）

との経文に由来《ゆらい》する。このことについて大聖人は、

「明《あき》らかなる事《こと》日月にすぎんや。浄《きよ》き事《こと》蓮華にまさるべきや。法華経は日月と蓮華となり。故《ゆえ》に妙法蓮華経と名づく。日蓮又《また》日月と蓮華との如くなり」（四条金吾《きんご》女房御書・御書四六四ジペー）

と示されている。

すなわち、この「日蓮」の御《おん》名乗りは、あたかも太陽が一切の暗闇《くらやみ》を照らし、蓮華が汚泥《おでい》より生じて清浄《しょうじょう》な花を開くように、日蓮大聖人御自身こそ、末法万年の一切衆生の闇を照らし、濁悪の世を清浄にするために出現された上行菩薩の再誕であることを明示されたものである。

さらに、

「日蓮となのる事自解仏乗《じげぶつじょう》とも云《い》ひつべし」

（寂日房《じゃくにちぼう》御書・同一三九二ﾍﾟｰｼﾞ）

と仰せられ、自らが仏の境界であることを示されている。

また、このころ、大聖人は両親への真の孝養《こうよう》を果たすべく、父母に諄々《じゅんじゅん》と法の道理を説いて教化《きょうけ》し、御父に「妙日」、御母に「妙蓮」という法号を授《さず》けられている。

㈢ 立教《りっきょう》開宗

そして、一カ月後の四月二十八日の早暁《そうぎょう》、再び清澄山頂に登られた大聖人は、旭日《きょくじつ》に向かって題目を唱え、宗旨を建立された。

この時の心境を、のちに大聖人は、

「これを一言も申し出《い》だすならば父母・兄弟・師匠に国主の王難必ず

来たるべし。いわずば慈悲《じひ》なきににたりと思惟《しゆい》するに、法華経・涅槃《ねはん》経等に此《こ》の二辺を合はせ見るに、いわずば今生《こんじょう》は事なくとも、後生《ごしょう》は必ず無間地獄《むけんじごく》に堕《お》つべし。いうならば三障四魔《さんしょうしま》必ず競《きそ》ひ起こるべしとしりぬ」（開目抄《かいもく》・御書五三八ページ）

と述懐《じゅっかい》されている。

大聖人の唱え出《い》だされた南無妙法蓮華経は、

「仏記《ぶっき》に順じて之《これ》を勘《かんが》ふるに既《すで》に後《ご》五百歳の始めに相当《あい》たれり。仏法必ず東土《とうど》の日本より出づべきなり」（顕仏《けんぶつ》未来記・同六七八ページ）

「日蓮が慈悲曠大《こうだい》ならば南無妙法蓮華経は万年の外《ほか》未来までもながる流布べし。日本国の一切衆生の盲目《もうもく》をひらける功徳《くどく》あり。無間地獄の道をふさぎぬ」（報恩《ほうおん》抄・同一〇三六ページ）

と仰《おお》せのように、一切衆生救済のために東土の日本より出現し、未来際《さい》にわたって全世界に流布《るふ》していく古今未曽有《ここんみぞう》の独一本門《どくいちほんもん》の題目であった。

日蓮大聖人は四月二十八日の午《うま》の刻《こく》（正《しょう》午《ご》）、清澄寺諸仏坊の持仏堂において妙法弘通の法輪《ほうりん》を転《てん》じられた（初転法輪《しょてんぽうりん》）。この時、当時流行していた念仏宗を破折《はしゃく》され、また禅宗等の誤りをも指摘し、南無妙法蓮華経こそ、末法の一切衆生を成仏せしめる唯一最高の教えであることを宣言された。

この説法を聞いた念仏の強《ごう》信者である地頭《じとう》の東条景信《かげのぶ》は、烈火《れっか》の如く怒《いか》り狂《くる》い、その場で大聖人の身に危害《きがい》を加《くわ》えようとした。

このことはまさに法華経勧持《かんじ》品第十三に、

初転法輪

「諸の無智《むち》の人の　悪口罵詈《あっくめり》等し　及《およ》び刀杖《とうじょう》を加うる者有らん」

（法華経三七五ジペー）

と説かれる経文が、そのまま事実となって現れたものである。

大聖人はこの危機を浄顕房・義浄房達の助けによって逃《のが》れ、景信の領地の外にある花房《はなぶさ》の地に身を寄せられた。

立正安国論《りっしょうあんこくろん》（第一の国諌《こっかん》）

大聖人は、建長五（一二五三）年、鎌倉に入られると、名越《なごえ》の松葉ケ谷《まつばがやつ》に小さな草庵《そうあん》を構《かま》え、鎌倉の辻々《つじつじ》に立って「念仏無間」「禅天魔《てんま》」と破邪顕正《はじゃけんしょう》の弘教を始められた。これに対し、人々は誹謗《ひぼう》や悪口《あっく》をもって妨《ぼう》害《がい》したが、やがて日昭・日朗が弟子となり、富木常忍《ときじょうにん》・四条金吾等の多くの人が信徒となった。

この鎌倉時代中期の建長・康元《こうげん》のころは、大火・暴風雨・大地震や疫病《えきびょう》の流行等、異常な出来事や悲惨《ひさん》な災害が続いていた。これに対して、幕府は各宗に命じて除災《じょさい》の祈祷《きとう》をさせたが、災難はいっこうに止《や》むことはなかった。

このようななか、正嘉《しょうか》元（一二五七）年八月二十三日に未曽有の大地震が鎌倉を襲った。大聖人は、これらの災難の起因《きいん》について、その経証を求めるため、翌年、駿河国《するがのくに》岩本（静岡県富士市）の実相寺《じっそうじ》の経蔵に入り、一切経の閲覧《えつらん》を始められた。この時、近くの四十九院で修行していた十三歳の伯耆公《ほうきこう》（日興上人）が、大聖人の尊容《そんよう》に接して弟子となった。

二年後の文応《ぶんおう》元（一二六〇）年、大聖人は『立正安国論《りっしょうあんこくろん》』を著《あらわ》し、同年七月十六日、宿屋左衛門入道《やどやさえもんにゅうどう》を介《かい》して、時の最高権力者・北条時頼《ときより》に奏呈《そうてい》

された。この『立正安国論』には、

「世《よ》皆正《しょう》に背《そむ》き人悉《ことごと》く悪に帰《き》す。故に善神《ぜんじん》国を捨て、相《あい》去り、聖人所《ところ》を辞《じ》して還《かえ》らず。是《ここ》を以《もっ》て魔《ま》来たり鬼《き》来たり、災《さい》起こり難《なん》起こる」

（御書二三四ページ）

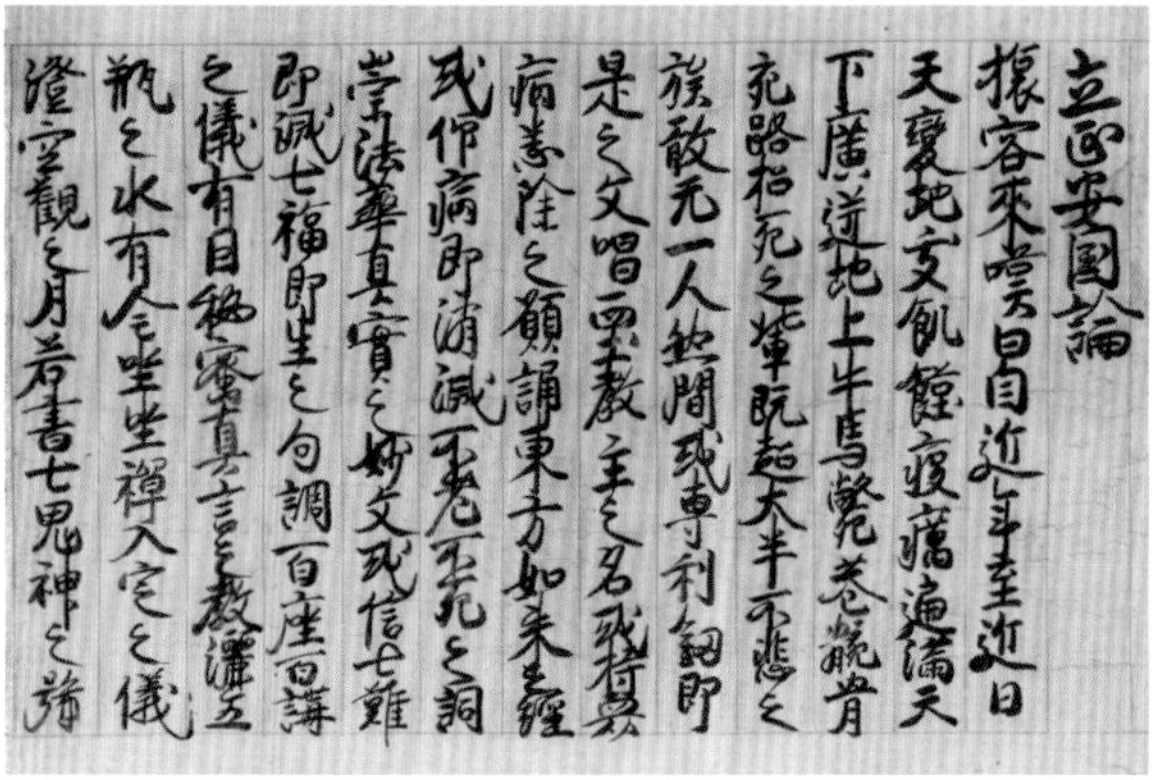
立正安国論
旅客来嘆曰自近年至近日
天変地夭飢饉疫癘遍満天
下広迸地上牛馬斃巷骸骨
充路招死之輩既超大半不悲之
族敢無一人然間或専利剣即
是之文唱西方教主之名或持衆
病悉除之願誦東方如来之経
或仰病即消滅不老不死之詞
崇法華真実之妙文或信七難
即滅七福即生之句調百座百講
之儀有因秘密真言之教灑五
瓶之水有全坐禅入定之儀
澄空観之月若書七鬼神之号

『立正安国論』御真蹟（中山法華経寺蔵）

と、人々が正法に背き悪法に帰依《きえ》したことにより、善神がこの国を捨て去り、悪鬼魔神が来たって前代未聞《ぜんだいみもん》の災難を起こすことを示されている。

そして、この災難を除くためには、当時、最も流行していた念仏の邪義《じゃぎ》を断《た》ち、法華一実《いちじつ》の正法に帰依することが肝要であると説かれ、さらに如来の金言《きんげん》に耳を傾《かたむ》けることなく謗法を対治しなかったならば、薬師《やくし》経・仁王《にんのう》経等に予証《よしょう》される七難のうち、いまだ現れていない「自界叛逆《じかいほんぎゃく》の難（一門の同士討ち）」「他国侵逼《たこくしんぴつ》の難（外敵の来襲《らいしゅう》）」の二難が必ず起こるであろうと予言された。

大聖人は、この『立正安国論』の提出をもって幕府を諫《いさ》め、邪法に帰依する誤りを糾《ただ》された。これが大聖人の御化導《けどう》における一回目の国主諫暁《かんぎょう》である。

松葉ヶ谷法難《まつばがやつ》

既成《きせい》仏教に執着していた幕府の為政者《いせいしゃ》達は、『立正安国論』を受け入れるどころか、かえって大聖人を怨《うら》み、ひそかに陰湿な策謀《さくぼう》を巡《めぐ》らせた。

そして文応元(一二六〇)年八月二十七日の夜半、執《しっ》権《けん》・長時《ながとき》の父・北条重時《しげとき》(極楽寺《ごくらくじ》入道)の意を受けた念仏・禅・律宗の信者らは、松葉ケ谷《まつばがやつ》にあった大聖人の庵室《あんしつ》に夜襲《やしゅう》をかけた。しかし大聖人は、この命に及ぶ危機を、傷一つ負うことなく逃《のが》れられた。

　大聖人はこの法難の様子について、

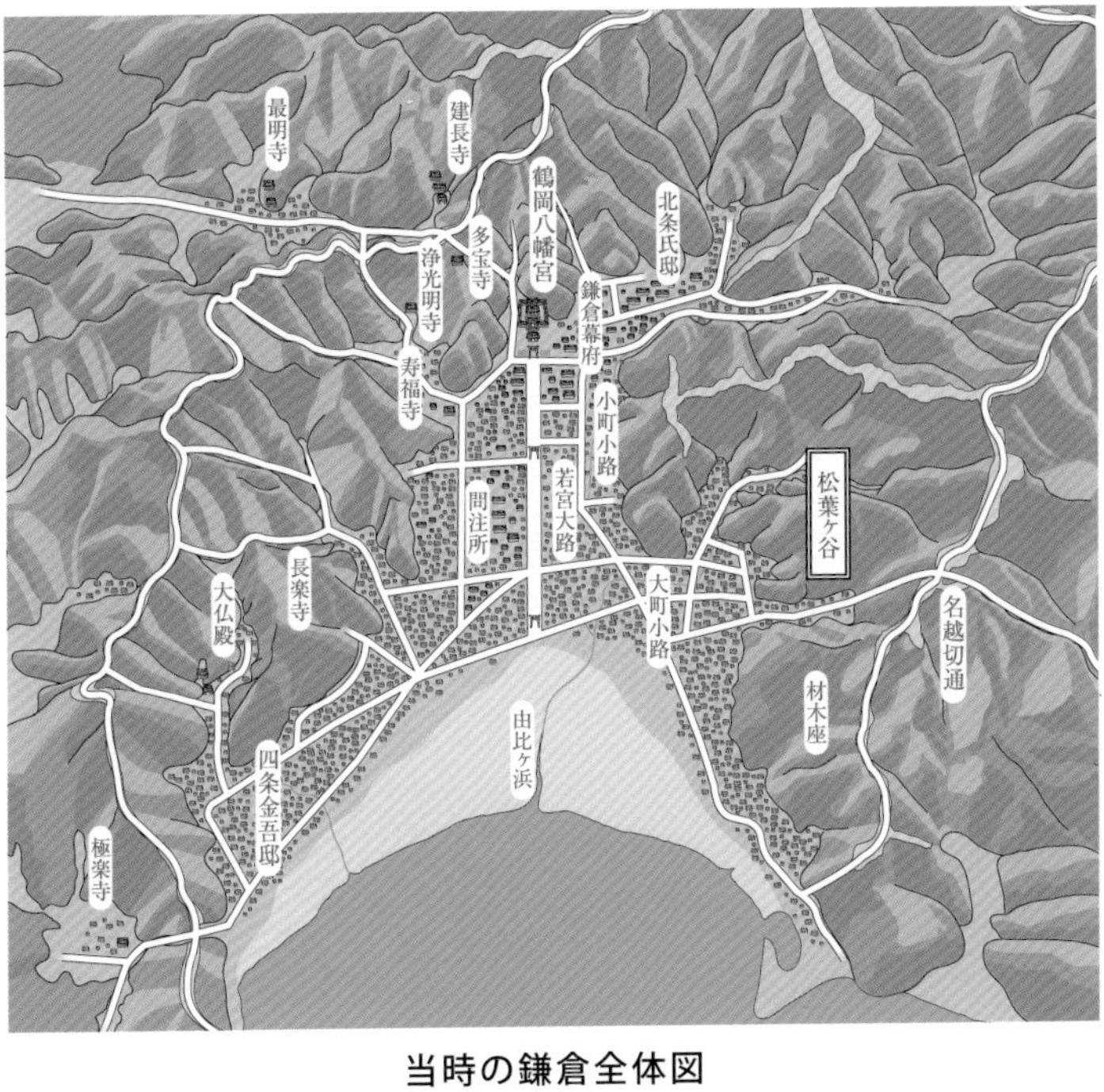

当時の鎌倉全体図

「夜中に日蓮が小菴《しょうあん》に数千人押し寄せて殺害せんとせしかども、如何《いかん》がしたりけん、其《そ》の夜の害も脱《のが》れぬ」

（下山《しもやま》御消息・御書一一五〇ページ）

と述懐されている。

その後大聖人は、しばらく下総若宮《しもうさわかみや》（千葉県市川市《いちかわし》）の富木常忍のもとに身を寄せられた。この時の大聖人の折伏教化によって、太田乗明《おおたじょうみょう》・曽谷《そや》教信《きょうしん》等が入信している。

伊豆《いず》法難

大聖人は、松葉ヶ谷法難の翌弘長《こうちょう》元（一二六一）年の春に再び鎌倉へ戻り、さらなる弘教を開始された。

これを知った幕府の執権・長時は、同年五月十二日、その権力によって大聖人を捕え、一度の取り調べもないまま伊豆《いず》伊東の川奈《かわな》へ流罪《るざい》に処した。

しかし大聖人は、この伊豆配流《はいる》を、

「去年の五月十二日より今年正月十六日に至るまで、二百四十余日の程は、昼夜十二時に法華経を修行し奉《たてまつ》ると存じ候《そうろう》。其《そ》の故は法華経の故にかゝる身となりて候へば、行住坐臥《ぎょうじゅうざが》に法華経を読み行ずるにてこそ候へ。人間に生を受けて是程《これほど》の悦《よろこ》びは何事か候べき」（四恩抄・御書二六六ページ）

伊豆の伊東へ配流となる大聖人

と述べられ、法華経を身読《しんどく》できる好機として悦ばれた。

日興上人は直《ただ》ちに大聖人のもとへ参じ、常随《じょうずい》給仕するかたわら折伏弘通に励み、熱海《あたみ》において真言僧・金剛院行満《こんごういんぎょうまん》を改宗させたのをはじめ、伊東周辺でも多くの人々を帰依させた。

なおこの間、大聖人は『四恩抄』『教機時国抄《きょうきじこくしょう》』『顕謗法抄《けんほうぼうしょう》』などの多くの御書を著《あらわ》されている。

小松原法難

弘長三（一二六三）年二月、北条時頼の措置による赦免状《しゃめんじょう》が発せられ、再び鎌倉の草庵に戻られた大聖人は、翌文永元《ぶんえい》（一二六四）年の秋、御母・妙蓮が重篤《じゅうとく》との報《しら》せにより、十二年ぶりに故郷の安房《あわ》へと急ぎ帰省《きせい》された。

「日蓮悲母《はは》をいのり《祈》て候ひしかば、現身《げんしん》に病をいやすのみならず、四箇年の寿命《じゅみょう》をのべ《延》たり」（可延定業御書《かえんじょうごう》・御書七六〇ページ）

とあるように、大聖人の御祈念によって御母の病は回復し、四年間の寿命を延ばした。

その後も、大聖人は安房の地に留《とど》まって妙法弘通に専念された。天津《あまつ》の領主で篤信《とくしん》の工藤吉隆《よしたか》が、大聖人の帰郷を聞き来臨《らいりん》を願ったため、十一月十一日、大聖人は十数人の供《とも》を連れて、工藤の館《やかた》に向かわれた。これを知った地頭の東条景信は、夕刻、大聖人一行が小松原に差し掛かった時、武器を持った数百人の念仏者を率《ひき》いて襲撃した。

この時の様子について大聖人は、

「十一月十一日、安房国東条の松原と申す大路《おおじ》にして、申酉《さるとり》の時、数百人の念仏等にまちかけ《待》られ候ひて、日蓮は唯《ただ》一人、十人ばかり、もの、要にあふ《合》ものわづか《僅》に三四人なり。いる《射》や《矢》はふる《降》あめ《雨》のごとし、うつ《討》たち《太刀》はいなづま《雷》のごとし。弟子一人は当座にうちとられ、二人は大事のて《手》にて候。自身もき《斬》られ、打たれ、結句《けっく》にて候」（南条兵衛《ひょうえ》七郎殿御書・同三二六ページ）

と述べられている。この襲撃によって弟子の鏡忍《きょうにん》房は打ち殺され、工藤吉隆も瀕死《ひんし》の重傷を負《お》い、それが元となって間もなく死去した。また大

小松原の法難

聖人御自身も、景信の太刀《たち》によって右の額《ひたい》に深傷《ふかで》を負い、左手を骨折するなど、命に及ぶ大難を蒙《こうむ》られたのである。

蒙古《もうこ》の来牒《らいちょう》と十一所への直諫状《ちょっかんじょう》

文永《ぶんえい》五（一二六八）年一月に蒙古国《もうここく》の使者が到来し、日本に服属《ふくぞく》を求める威嚇的《いかくてき》な内容の国書を幕府にもたらした。これは、大聖人が八年前に『立正安国論』をもって既に予言された「他国侵逼の難」が、まさに実際の相として現れてきたものである。

蒙古から牒状《ちょうじょう》が届いたことを聞かれた大聖人は、同年四月五日、幕府の要人であった法鑑房《ほうかん》へ『安国論御勘由来《ごかん》』を認《したた》め、また八月と九月には宿屋入道へ書状を送り、再度諫言《かんげん》された。しかし、幕府側からの反応は全くなかった。

そこで大聖人は、十月十一日、幕府首脳の北条時宗《ときむね》・平左衛門尉頼綱《へいのさえもんのじょうよりつな》・宿屋入道・北条弥源太《やげんた》、および極楽寺良観《りょうかん》・建長寺道隆《けんちょうじどうりゅう》・大仏殿別当《べっとう》・寿福寺《じゅふくじ》・浄光明寺《じょうこうみょうじ》・多宝寺・長楽寺《ちょうらくじ》の十一カ所に宛《あ》てて諫状《かんじょう》を認め、公場対決によって法の正邪《せいじゃ》を決し、速《すみ》やかに正法に帰伏《きぶく》するよう諫《いさ》められた。

大聖人が、これらの諫状を認められた真意は、

「諸宗を蔑如《べつじょ》するに非《あら》ず。但此《ただこ》の国の安泰を存ずる計《ばか》りなり」

（長楽寺への御状・御書三八〇ページ）

と仰せのように、蒙古襲来という国家の大事に当たり、ひたすら一国の安泰と民衆の平安を願う一念にあった。

しかし、鎌倉幕府の首脳はこれにまったく耳を傾《かたむ》けないばかりか、嘲笑《ちょうしょう》をもって報《むく》い、陰《かげ》では大聖人を亡《な》き者にしようと画策《かくさく》し始めた。

良観の祈雨《きう》

文永八（一二七一）年五月ごろから全国的に日照《ひで》りが続き、大干《かん》ばつとなった。そのため幕府は、当時、人々から生き仏のように崇《あが》められていた極楽寺良観に雨乞《あまご》いの祈祷《きとう》を命じ、これを受けて良観は、六月十八日から七日間にわたって祈祷を行った。

これを好機と捉《とら》えられた大聖人は、良観の弟子を呼び寄せて、

「七日の内にふらし給《たま》はゞ日蓮が念仏無間《むけん》と申す法門すてゝ、良観上人の弟子と成りて二百五十戒持《たも》つべし、雨ふらぬほどならば、彼《か》の御《ご》房《ぼう》の持戒《じかい》げなるが大誑惑《おうわく》なるは顕然《けんねん》なるべし（中略）又雨らずば一向《いっこう》に法華経になるべし」（頼基陳状《よりもとちんじょう》・御書一一三一ページ）

と、祈雨の成否《せいひ》によって仏法の正邪を決しようと伝えられた。

良観はこれを受諾《じゅだく》し、多くの弟子達と共に一心不乱に祈ったが、七日のうちに雨を降らすことができず、さらに七日延長したにもかかわらず、干ばつは以前よりも激しくなり、暴風が吹き荒れ、人々をますます苦しめる結果となった。

正法の前に謗法の祈りのかなうはずはなく、完全に良観の敗北であった。

第二の国諫

祈雨に敗《やぶ》れた良観は、弟子となる約束を守るどころか、諸宗の僧と謀議《ぼうぎ》を企《くわだ》て、大聖人に対する様々な悪口讒言《ざんげん》を幕府の要人に吹聴《ふいちょう》した。

これにより、文永《ぶんえい》八（一二七一）年九月十日、大聖人は評定所《ひょうじょうしょ》へ召喚《しょうかん》さ

れ、平左衛門尉頼綱《へいのさえもんのじょうよりつな》の尋問《じんもん》を受けることになった。この時大聖人は、平左衛門尉に対して、

「仏の使い日蓮を迫害《はくがい》するならば、必ず仏天《ぶってん》の罰《ばち》を蒙《こうむ》り、自界叛逆・他国侵逼の二難が起こるであろう」

（種々《しゅじゅ》御《お》振舞《ふるまい》御書・御書一〇五七ページ取意）

と厳しく諫められた。

さらに翌々日の九月十二日には、同じく平左衛門尉に対して書状を送られ、

「抑《そもそも》貴辺は当時天下の棟梁《とうりょう》なり。

捕えられる大聖人

何ぞ国中《こくちゅう》の良材を損ぜんや。早く賢慮《けんりょ》を回《めぐ》らして須《すべから》く異敵《いてき》を退《しりぞ》くべし」（一昨日《いっさくじつ》御書・同四七七ジペー）

と再度、反省を促《うなが》された。

これらの諫暁によって、平左衛門尉はますます憎悪《ぞうお》の念に駆《か》られ、その日のうちに武装した数百人の兵士を率いて松葉ヶ谷《まつばがやつ》の草庵《そうあん》を襲撃した。

その有り様は、一人の僧を捕えるにはあまりにも物々《ものもの》しいものだった。兵士達は経巻を踏みにじるなど暴虐《ぼうぎゃく》の限りを尽くし、平左衛門尉の一の郎従《ろうじゅう》・少輔房《しょうぼう》は、大聖人が懐中《かいちゅう》していた法華経第五の巻を奪い取り、その経巻で大聖人の顔を三度にわたって打ち苛《さいな》んだ。この第五の巻には、「末法において法華経を弘通する者は刀杖《とうじょう》の難に遭《あ》う」と説かれた勧持《かんじ》品第十三が収められており、このことから大聖人は後年、少輔房を経文符合《ふごう》の恩人とされている。

平左衛門尉等の暴挙が続くなか、大聖人は大音声《おんじょう》をもって、「あらをもしろや平左衛門尉がものにくるうを見よ。とのばら《殿原》、但今《ただいま》ぞ日本国の柱をたをす《倒》」（種々御振舞御書・同一〇五八ページ）と喝破《かっぱ》された。これが第二の国諫（高名《こうみょう》）である。乱暴狼藉《らんぼうろうぜき》の限りを尽くしていた平左衛門尉とその郎従等は、この大聖人の気迫に圧倒され、一瞬にして静まり返った。

竜口《たつのくち》法難（発迹顕本《ほっしゃくけんぽん》）

文永八（一二七一）年九月十二日、日蓮大聖人は、松葉ヶ谷の草庵から鎌倉の街中を引き回され、評定所へ連行された。そこで平左衛門尉より佐渡流罪《るざい》を言い渡された。しかし、これは表向きの評決で、内実はひそかに大聖人を斬罪《ざんざい》に処する計画であった。実際、深夜になると、大聖人は竜口《たつのくち》の処刑場へ護送された。

その途中、鶴岡八幡宮《つるがおかはちまんぐう》の前に差し掛かった時、大聖人は馬を下《お》り、法華経の行者を守護すると誓った八幡大菩薩に対し、その誓いを守るよう諫《いさ》められた。

また由比ケ浜《ゆいがはま》を通り過ぎ、御霊《ごりょう》神社の近くまで来た時、大聖人は熊王丸という童子を遣《つか》わして、四条金吾《きんご》に事の次第を知らせた。金吾は直ちに大聖人のもとに駆けつけ、殉死《じゅんし》の覚悟で刑場までお供をした。

刑場に到着した時、金吾は万感胸に迫り、大聖人に合掌《がっしょう》して涙を流した。大聖人は金吾を御覧になり、

「不かく《覚》のとのばらかな、これほどの悦《よろこ》びをばわらへかし、いかにやくそく《約束》をばたがへらるゝぞ」（種々御振舞御書・御書一〇六〇ページ）

と、日ごろ教えてきた不惜身命《ふしゃくしんみょう》の覚悟を促《うなが》された。

やがて大聖人は、頚《くび》の座に悠然《ゆうぜん》と端座《たんざ》された。太刀取りが大聖人に向かって刀を振り下ろそうとした瞬間、突如《とつじょ》、江ノ島の方角から月のような光り物が現れた。太刀取りは強烈な光に目が眩《くら》み倒れ伏し、取り囲んでいた兵士達は恐怖におののいて逃げ惑《まど》い、ある者はひれ伏すなどの有り様であった。結局、大聖人を斬首《ざんしゅ》することはできなかった。

この竜口における法難には、それまでの上行菩薩の再誕《さいたん》日蓮の仮《か》りの姿（垂迹身《すいじゃくしん》）を発《はら》

竜口法難

い、久遠元初自受用報身如来即日蓮《くおんがんじょじじゅゆうほうしんにょらい》としての真実の姿（本地身《ほんち》）を顕されたという重大な意義がある。これを「発迹顕本《ほっしゃくけんぽん》」と言う。

このことについて、大聖人は、

「日蓮といゐし者は、去年《こぞ》九月十二日子丑《ねうし》の時に頸はねられぬ。此《これ》は魂魄佐土《こんぱくさど》の国にいたりて」（開目抄・同五六三㌻）

と明かされている。この「魂魄」とは、まさに久遠元初の自受用身としての魂魄であり、大聖人は竜口法難という身命《しんみょう》に及ぶ大法難のなかで、久遠元初の御本仏としての御境界を開顕されたのである。

佐渡配流《はいる》

竜口における頸の座のあと、大聖人は相模国依智《さがみのくにえち》（神奈川県厚木市）の本間六郎左衛門の邸《やしき》に身柄を移された。

九月十三日の夜、大聖人が本間邸の大庭に出て天に向かって諫められると、大きな明星《みょうじょう》が降り来たり、梅の木の枝に掛かった。

大聖人は、頚の座の光り物や星降りの現象について、後日、

「三光《さんこう》天子の中に月《がっ》天子は光物《ひかりもの》とあらはれ竜口の頚をたす《助》け、明星天子は四・五日已前《いぜん》に下りて日蓮に見参《げんざん》し給ふ」（四条金吾殿御消息・御書四七九ページ）

塚原三昧堂

と仰せられ、諸天が大聖人を守護する証《あかし》であると述べられている。

文永八（一二七一）年十月十日、大聖人は依智を出発し、配流地の佐渡へと向かわれた。そして、越後国寺泊《えちごのくにてらどまり》（新潟《にいがた》県長岡市）を経て、同月二十八日に佐渡の松ヶ崎（新潟県佐渡市）に着き、十一月一日、配所である塚《つか》原《はら》の三昧堂《さんまいどう》に入られた。大聖人は、この厳寒《げんかん》の地・佐渡の三昧堂の様子について、

「屋根板は隙間《すきま》だらけで、四方の壁は朽《く》ち、雪が堂内に降り積もる有り様で、敷《し》き皮を用《もち》い、蓑《みの》を着て、昼夜を過ごした。夜は雪・雹《ひょう》・雷電が絶えず、昼は日の光も射すことのない住まいであった」

（種々御振舞御書・同一〇六二ジ（ペー）取意）

と記《しる》されている。しかも、島民達は念仏信者であり、大聖人は常に身の危険にさらされていた。

文永九年一月十六日と十七日の二日間、大聖人は守護代・本間重連《しげつら》の立ち会いのもと、諸宗の僧など数百人を相手に問答し、完膚《かんぷ》なきまでに彼らを論破された（塚原問答）。

問答が終わり、立ち去ろうとする重連に対し、大聖人は、近いうちに鎌倉に戦《いくさ》が起こることを予言して、早く鎌倉へ上《のぼ》るよう促《うなが》された。

一カ月後、大聖人の予言は「二月騒動」という北条一門の同士討ち（自界叛逆難《ほんぎゃくなん》）として現れた。この予言的中により、重連は大聖人に畏敬《いけい》の念を抱《いだ》き、法華経の信者となった。

大聖人はこの年の夏、塚原から一谷《いちのさわ》の地に移られている。大聖人の佐渡在島は約二年半に及ぶが、常に大聖人のお側《そば》にあって給仕をされたのは日興上人である。また、この間に阿仏房《あぶつぼう》夫妻、国府《こう》入道夫妻、中興《なかおき》入道、最《さい》蓮《れん》房などが大聖人に帰依している。

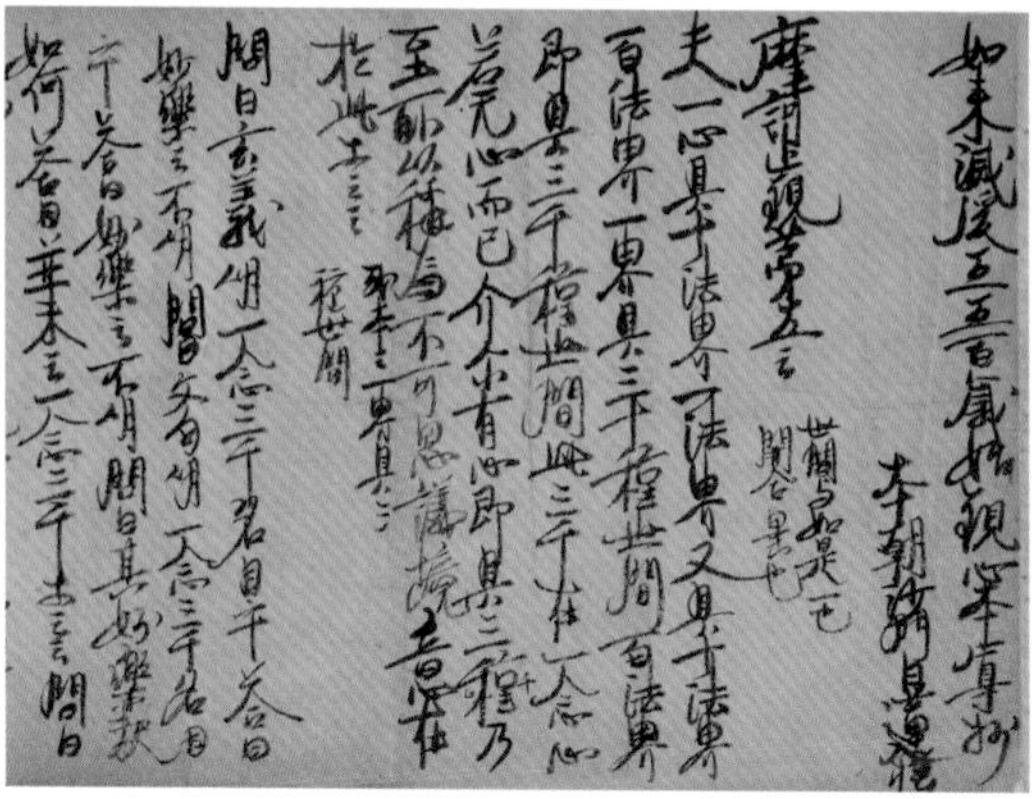

『観心本尊抄』御真蹟（中山法華経寺蔵）

佐渡期の御著作

大聖人は、佐渡において『生死《しょうじ》一大事血脈《けちみゃく》抄』『諸法実相《じっそう》抄』『当体義《とうたいぎ》抄』など、五十編を超える多くの御書を著《あらわ》された。そのなかでも『開目《かいもく》抄』と『観心本尊《かんじんのほんぞん》抄』は御一代を代表する最重要書である。

『開目抄』は、文永九（一二七二）年二月、塚原三昧堂において著された。この書は、大聖人こそが末法の法華経の行者、すなわち主師親《しゅししん》の三徳兼備《けんび》の御本仏であることを明かした「人《にん》本尊開顕の書」である。

『観心本尊抄』は、翌文永十年四月二十五日、一谷《いちのさわ》において著された。この書は、末法の初めに御本仏日蓮大聖人が出現し、一切衆生のために寿量文底下種《もんていげしゅ》の本尊を顕示されることを明かした「法本尊開顕の書」である。

大聖人は、

「法門の事はさど《佐渡》の国へながされ候ひし已前の法門は、たゞ仏の爾前《にぜん》の経とをぼしめせ」（三沢《みさわ》抄・御書一二〇四ページ）

と仰せられ、佐渡以前と以後、すなわち発迹顕本の前後で、御法門ならびにその御化導《けどう》に大きな違いがあることを教示されている。

発迹顕本以前は法華経の行者として題目弘通を中心としたお振る舞いであり、発迹顕本以後は一重《いちじゅう》立ち入り、外用《げゆう》上行菩薩の再誕、内証《ないしょう》久遠元初の御本仏としての御境界の上から御本尊を顕され、三大秘法（本門の本尊・本門の戒壇《かいだん》・本門の題目）整足のための御化導であった。

赦《しゃ》免《めん》

文永十一（一二七四）年に入ると、いよいよ他国侵逼の難が現実味を帯びてきた。さらに天変地夭《ちよう》も相次いで起こり、世情はますます混乱した。執権・北条時宗は、大聖人の予言の的中にただならぬものを感じていた。

大聖人は、救国の一念から再度の国諫を発願《ほつがん》し、佐渡配流直後から近くの山に登って、諸天に対し、

白頭の鳥の飛来

「日蓮をすて給ふならば、阿鼻《あび》の炎にはたきゞ《薪》となり、無間大城をばいづるご《出期》おはせじ。此《こ》の罪をそろしくをぼ《覚》せば、そのいはれありといそぎいそぎ国にしるしをいだし給へ、本国へかへし給へ」

（光日房《こうにちぼう》御書・御書九六〇ジ《ペー》）

と、阿鼻大城の苦しみを恐ろしいと思うならば、日蓮が予言した通り早く国難の現証を示し、日蓮を鎌倉に帰すよう強く諫暁されていた。

大聖人の一念は法界を動かし、同年二月十四日、ついに幕府から佐渡流罪の赦免状《しゃめんじょう》が発せられ、それは三月八日、佐渡に到着した。

これに先立ち大聖人のもとには、古来、流罪赦免の前兆と言われる白頭の烏《からす》が飛来し、それを報《しら》せている。

大聖人は五日後の三月十三日、一谷《いちのさわ》を発《た》ち、同月二十六日、鎌倉に帰着された。

第三の国諫

文永十一（一二七四）年三月二十六日、鎌倉に帰られた大聖人は幕府から出頭命令を受け、四月八日、平左衛門尉頼綱をはじめとする幕府の要人と対面された。これを第三の国諫と言う。

平左衛門尉は以前とは違い、態度を和《やわ》らげて大聖人を迎え、爾前《にぜん》得道の有無や蒙古襲来の時期などについて質問した。これに対して大聖人は、爾前の諸宗では成仏できないこと、蒙古は今年中に必ず襲来することを断言し、早く正法に帰依《きえ》するよう諫言された。

しかし幕府は、これを聞き入れることなく、大聖人に対して東郷《とうごう》入道の屋形跡に堂舎を建立《こんりゅう》寄進することを条件に、国家安泰の祈祷《きとう》を申し入れたが、大聖人はこの幕府の申し出を一蹴《いっしゅう》された。

大聖人は、世間的な名声や権力による庇《ひ》護《ご》を望んだのではなく、ただ人々の不幸の原因である邪教を対治し、正法による平和な国土の建設を願われていたのである。

身延《みのぶ》入山

大聖人は、三度にわたる諫言を幕府が全く用《もち》いることがなかったため、「三度《みたび》国を諫むるに用いずば山林にまじわれ」との故

平左衛門尉を諫暁する大聖人

事に倣《なら》って隠棲《いんせい》を決意された。大聖人は、日興上人の勧《すす》めによって、文永十一（一二七四）年五月十二日に鎌倉を出発し、同月十七日に甲斐国《かいのくに》波木井《はきり》郷の身延《みのぶ》（山梨県身延町）の地に着かれた。地頭の波木井実長《さねなが》は、日興上人の教化《きょうけ》による信徒であった。

身延の草庵が完成したのは、一カ月後の六月十七日である。この草庵は、四方を天子ケ岳、七面山《しちめん》、鷹取山《たかとり》、身延山に囲まれ、さらに富士川、早川、波木井川、身延川に挟まれた狭隘《きょうあい》な土地に建てられた。

『種々御振舞御書』には、

「昼は日をみず、夜は月を拝せず。冬は雪深く、夏は草茂り、問ふ人希《まれ》なれば道をふみわくることかたし」（御書一〇七二ページ）

と記されている。

身延での生活について、大聖人は、

「蘇武《そぶ》が如《ごと》く雪を食《じき》として命を継ぎ、李陵《りりょう》が如く蓑《みの》をきて世をすごす。山林に交《まじ》はって果《このみ》なき時は空《むな》しくして両三日を過ぐ。鹿の皮破れぬれば裸にして三・四月に及べり」（単衣抄《ひとえぎぬ》・同九〇四ページ）

と仰せられているように、冬は寒さ厳しく、衣食に事欠《か》く日々であった。信徒からの御供養の品々があったとは言え、多くの弟子達を養《やしな》うには充分ではなかった。

こうした厳しい生活のなかにあっても、大聖人は昼夜にわたって法華経の深義や重要法門を教授し、令法久住《りょうぼうくじゅう》・広宣流布《こうせんるふ》のため門下の育成に努められた。

現在、大聖人の御書は五百余編が伝えられているが、そのうちの三百余編は身延に住された九カ年の間に著されている。

蒙古襲来

身延に入山されて五カ月後の文永十一（一二七四）年十月、ついに大聖人の予言通り、約三万の蒙古の大軍が日本に侵攻《しんこう》してきた（文永《ぶんえい》の役《えき》）。

蒙古軍は、十月五日に対馬《つしま》に上陸、十四日には壱岐《いき》へ攻め入って無防備の島民を殺《さつ》戮《りく》し、二十日には勢いに乗って博多湾から早良《さわら》郡百道原《ももちばら》（福岡市早良区）に上陸し、日本軍は大宰府《だざいふ》まで退いた。この戦乱によって、対馬国の守護代をはじめ、多くの武将や勇士が討ち死に

伝 草庵跡地（山梨県身延町）

した。

大聖人は、このような悲劇の原因を、

「是偏《これひとえ》に仏法の邪見《じゃけん》なるによる」（曽谷《そや》入道殿御書・御書七四七ページ）

と断言され、速やかに国中の謗法を止《とど》め、正法に帰依しなければならないことを訴えられている。

なお、七年後の弘安《こうあん》四（一二八一）年五月には、蒙古は文永の役を上回る約十五万もの大軍で来襲した（弘安の役）。

熱原《あつわら》法難

大聖人が身延に入山された文永十一（一二七四）年以降、日興上人は大聖人へのお給仕のかたわら、甲斐《かい》、駿河《するが》、伊豆《いず》、遠江《とおとうみ》などへ教線を拡大された。特に富士方面では、幼少時代に修行した蒲原《かんばら》四十九院・岩本実相寺を中心として折伏弘通に精励された。

それに伴い建治《けんじ》元（一二七五）年ごろには、岩本実相寺から東へ約四キロメートルのところにあった天台宗の古刹《こさつ》・滝泉寺《りゅうせんじ》の寺家《じけ》僧、下野房《しもつけぼう》日秀・越後房日弁・少輔房《しょうぼう》日禅等が帰伏改宗した。さらに富士郡下方荘《しもかたのしょう》熱原郷《あつわらごう》（富士市厚原周辺）の神四郎《じんしろう》・弥《や》五郎・弥六郎の兄弟三人をはじめ多くの農民が帰依するなど、その後も入信者はあとを絶たなかった。この状況に危機感を覚えた滝泉寺の院主代《いんじゅだい》・行智は、政所《まんどころ》の役人と結託して熱原の法華講衆を迫害する機会を狙《ねら》っていた。

弘安二（一二七九）年九月二十一日、多くの法華講衆が下野房日秀の田の稲刈りを手伝っていることを聞きつけた行智は、武士達を集めて押しかけた。神四郎以下二十名の農民達はその場で取り押さえられ、下方《しもかた》の政所に拘留《こうりゅう》された。

さらに行智は、神四郎の兄・弥藤次《やとうじ》の名をもって、他人の田の稲を刈り取ったと、事実とは正反対の訴状《そじょう》を作り、農民達をその日のうちに鎌倉へ押送《おうそう》した。

この事件を聞いた日興上人は、すぐさま、その状況を身延の大聖人に報告された。大聖人は熱原の信徒達のことを深く思いやられ、さっそく『聖人御難事』を認《したた》めて門下一同の団結と奮起を促された。そ

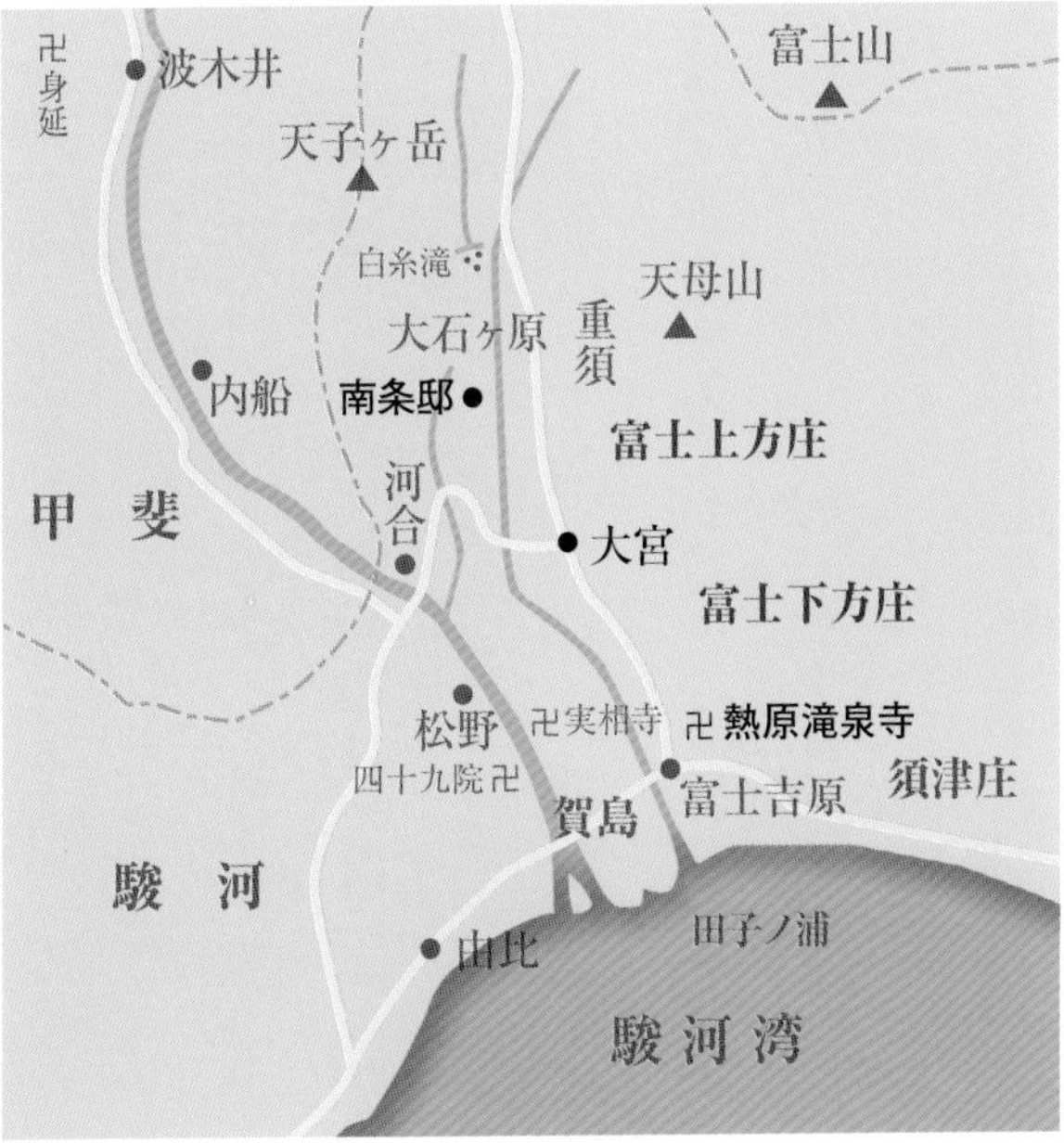

熱原法難関連略図

して、幕府に真相を訴える申状《もうしじょう》（滝泉寺申状）の草案を日興上人に送り、問注《もんちゅう》（裁判）に備えるよう指示された。

十月十五日、平左衛門尉頼綱は私邸で神四郎達への尋問を執り行ったが、事件の真相には触れることなく、「汝《なんじ》ら速やかに法華の題目を捨てて念仏を称《とな》えよ。さすれば罪を許して即刻帰国さすべし、さもなくば重罪に処す」と威嚇《いかく》した。しかし、常に法華経への信仰を教えられていた神四郎達農民は、少しもひるむことなく、ひたすら題目を唱え続けた。

この農民達の唱題の声に激怒した平左衛門尉は、当時十三歳の息子・飯沼判官資宗《いいぬまほうがんすけむね》に蟇目《ひきめ》の矢を射させて拷問《ごうもん》を加えた。しかし神四郎らの唱題の声はますます高くなるばかりで、これにより狂乱の極みに達した平左衛門尉は、無惨にも、ついに農民の中心者であった神四郎・弥五郎・弥六郎の三人を斬首《ざんしゅ》したのである。

この熱原法難で殉死した三人は、のちに「熱原の三烈士《れっし》」と呼ばれ、今日まで信徒の鑑《かがみ》として称《たた》えられている。

なお、大聖人を迫害し続けた平左衛門尉は、神四郎らを斬罪に処した十四年後の永仁《えいにん》元（一二九三）年、謀反《むほん》が発覚し、父子共々誅殺《ちゅうさつ》されるという法華の現罰を受けた。

本門戒壇《ほんもんかいだん》の大御本尊

大聖人は、入信間もない熱原の農民達

蟇目の矢

矢の先端部分に、鏃（やじり）の代わりに穴のあいた鏑（かぶら）を取り付けたもの。蟇目の矢の由来は、鏑にあけられた穴が蟇蛙（ひきがえる）の目に似ていることによる。穴から風が入って音を発し、妖魔を降伏するとされた。

が、身命《しんみょう》に及ぶ大難に遭《あ》いながらもその信仰を貫いた姿を機縁として、いよいよ下種仏法の究竟《くきょう》の法体《ほったい》を建立する時の到来を感じられた。

　大聖人は、弘安二（一二七九）年十月一日の『聖人御難事』に、

「此《こ》の法門申しはじめて今に二十七年、弘安二年太歳己卯なり。仏は四十余年、天台大師は三十余年、伝教大師は二十余年に、出世の本懐《ほんがい》を遂げ給ふ。其《そ》の中の大難申す計《ばか》りなし。先々に申すがごとし。余は二十七

熱原三烈士顕彰碑（大石寺）

年なり」（御書一三九六ページ）

と仰せられ、今こそ出世の本懐を遂げる時であることを予証されている。

そして熱原法難の弾圧の吹き荒れるなか、十月十二日、出世の本懐として本門戒壇《ほんもんかいだん》の大御本尊を御図顕《ずけん》されたのである。

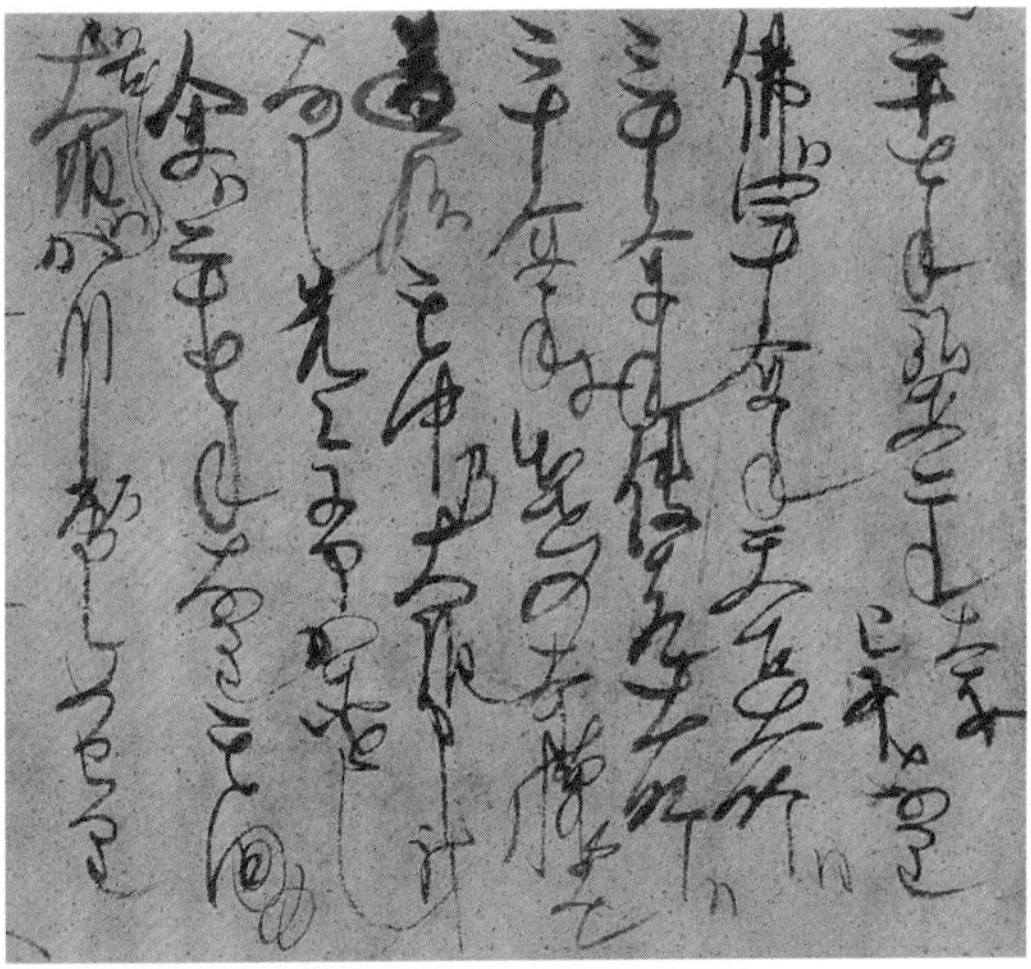

『聖人御難事』御真蹟（中山法華経寺蔵）

この御本尊は、末法万年・令法久住を慮《おもんぱか》られて楠《くすのき》の厚い板に認められ、弟子の日法に彫刻《ちょうこく》を命ぜられた。

総本山第二十六世日寛上人は、

「弘安二年の本門戒壇の御本尊は、究竟《くきょう》の中の究竟、本懐の中の本懐なり。既に是《こ》れ三大秘法の随一なり、況《いわ》んや一閻浮提《えんぶだい》総体の本尊なる故なり」
（観心本尊抄文段・御書文段一九七ジペー）

と述べられ、本門戒壇の大御本尊が大聖人御一期における本懐中の本懐であることを教示されている。

日蓮一期弘法付嘱書《いちごぐほうふぞくしょ》

大聖人は、御自身亡《な》きあとの門下を統率し、下種仏法を末法万年にわたって流布し、正法正義を後世に弘伝《ぐでん》するため、法嗣《ほうし》を正式に選定する時機の至ったことを感じられた。

弘安五（一二八二）年九月、大聖人は教えを誤りなく後世に伝えるために、仏法の方規《ほうき》に基づき、弟子のなかから、ただ一人日興上人を選ばれて、

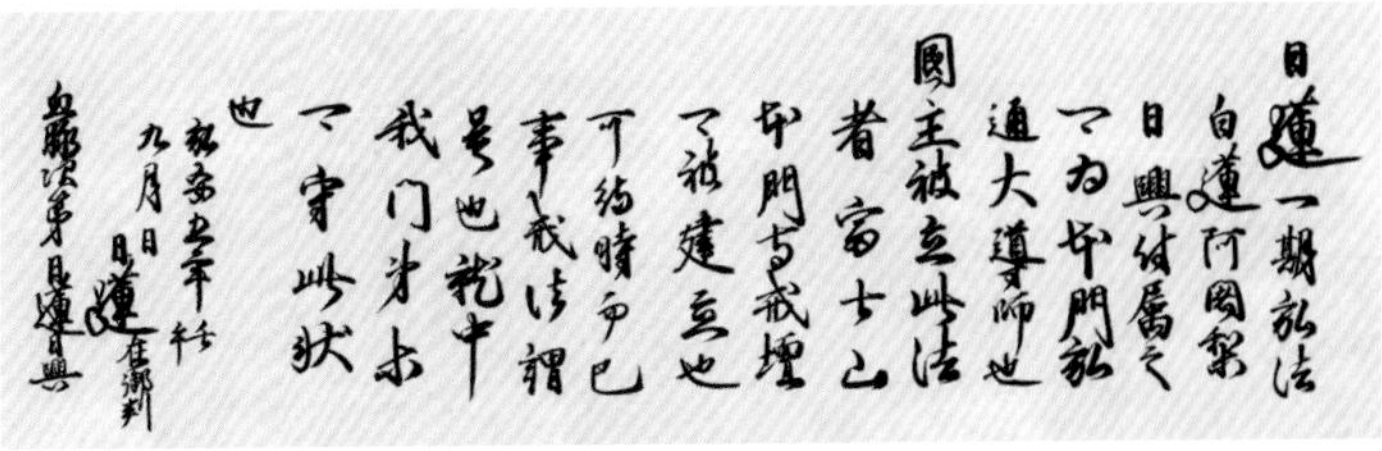

『日蓮一期弘法付嘱書』写本

本門戒壇の大御本尊を付嘱《ふぞく》されるとともに、その証《あかし》として『日蓮一期弘法《いちごぐほう》付嘱書』を授与された。

「日蓮一期の弘法、白蓮阿闍梨《びゃくれんあじゃり》日興に之《これ》を付嘱す、本門弘通の大導師たるべきなり。国主此《こ》の法を立てらるれば、富士山に本門寺の戒壇を建立せらるべきなり。時を待つべきのみ。事《じ》の戒法と謂《い》ふは是《これ》なり。就中《なかんずく》我が門弟等此の状を守るべきなり。

弘安五年壬午九月　日　　日　蓮　花押《かおう》

血脈《けちみゃく》の次第　日蓮日興」

（御書一六七五ページ）

この付嘱書に示されるように、大聖人は御内証の法体の相承《そうじょう》を「血脈の次第　日蓮日興」と記し留められたのである。

　また、本門戒壇の建立地について、『三大秘法稟承事《ぼんじょう》』では、

　「霊山浄土《りょうぜんじょうど》に似たらん最勝の地を尋《たず》ねて戒壇を建立すべき者か」

（同一五九五㌻）

とのみ明かされていたが、この付嘱書において具体的に「富士山に本門寺の戒壇を建立せらるべきなり」と御遺命《ゆいめい》されている。

　このように大聖人が日興上人に相承されたのは、日興上人が数多《あまた》の弟子のなかでも、大聖人に対する絶対の帰依《きえ》と師弟相対の振

身延での御付嘱

る舞いをもって常随給仕《じょうずいきゅうじ》されたこと、さらには学解《がくげ》の深さや人格の高潔《こうけつ》さなど、あらゆる点で群を抜いていたからにほかならない。

武州池上《ぶしゅういけがみ》

晩年、健康を損《そこ》なわれていた大聖人は、弟子達の熱心な勧めもあって、常陸《ひたち》の湯（福島県いわき市）へ湯治《とうじ》に向かわれることになり、弘安五（一二八二）年九月八日、日興上人をはじめとする門弟達に護られて身延の沢を出発された。その途次《とじ》、同月十八日に武州池上《ぶしゅういけがみ》（東京都大田区池上）の地頭・右衛門大夫宗仲《えもんのたいふむねなか》の館に到着された。

大聖人はこの池上邸において、弟子檀越《だんのつ》に対して同月二十五日から、『立正安国論』の講義をされた。この御講義は門下一同に対し、身軽法重《しんきょうほうじゅう》・死身弘法《ぐほう》の精神をもって、広宣流布の実現に向かって精進せよとの意を込めて行われたものである。

宗門においては、古来、「大聖人の御化導は立正安国論に始まり立正安国論に終わる」と言い伝えられている。

身延山付嘱書

大聖人は、弘安五（一二八二）年十月八日、弟子のなかから日昭・日朗・日興・日向《にこう》・日頂・日持を本弟子六人（六老僧）と定められた。

そして十月十三日の早晨《そうしん》、御入滅《にゅうめつ》を間近にされた大聖人は、『身延山付嘱書』をもって、日興上人を身延山久遠寺の別当《べっとう》（貫首《かんず》・一山の統括者）と定められた。

釋尊五十年
説法相承
白蓮阿闍梨
日興可爲身延山
久遠寺別當
背在家出家
共輩者可爲
非法衆也
弘安五年壬午
十月十三日
日蓮在御判
武州池上

『身延山付嘱書』写本

「釈尊五十年の説法、白蓮阿闍梨日興に相承す。身延山久遠寺の別当たるべきなり。背く在家出家共の輩《やから》は非法の衆たるべきなり。

弘安五年壬午十月十三日

日蓮　花押

武州　池上」

（御書一六七五ページ）

この付嘱書には、唯授一人《ゆいじゅいちにん》の血脈《けちみゃく》相承を受けられた日興上人に従わない門弟や檀越は、大聖人の仏法に背く非法の衆・謗法の輩であると、厳しく誡《いまし》められている。

大聖人は、前の『日蓮一期弘法付嘱書』と、この『身延山付嘱書』の二箇《か》の相承をもって、滅後の法嗣《ほうし》を明瞭に日興上人と定められたのである。

御入滅《にゅうめつ》

すべての化導と相承を終えられた大聖人は、弘安五（一二八二）年十月十三日、辰《たつ》の刻（午前八時ごろ）、弟子・檀越が唱題するなか、御年《おんとし》六十一歳をもって安祥《あんじょう》として御入滅《にゅうめつ》された。その時、突如、大地が震動し、初冬にもかかわらず桜の花が一斉に咲いたと伝えられている。

大聖人の御入滅は、単なる寂滅《じゃくめつ》の相ではない。御本仏日蓮大聖人が、その御法魂《ほうこん》を本門戒壇の大御本尊として留《とど》められ、永遠に衆生を救済されるという「滅に非《あら》ずして滅を現ず（非滅現滅）」の妙相を現されたものである。

大聖人の御遺体は、十四日戌《いぬ》の刻（午後八時ごろ）に入棺され、子《ね》の刻（午前零時ごろ）に御葬送《そうそう》、荼毘《だび》（火葬）に付された。そののち、御霊骨《れいこつ》を宝瓶《ほうびょう》に納め、葬儀は滞《とどこお》りなく厳修された。

この葬儀の一切は、御遺命の通り、日興上人が嫡々《ちゃくちゃく》付《ふ》法《ほう》の大導師として総指揮《しき》を執られ、『宗祖御遷化《せんげ》記録』にその詳細を記された。

その後、日興上人は初七日忌《き》の法要を奉修され、同月二十一日早朝、御霊骨を捧持《ほうじ》して池上を発《た》ち、同月二十五日に身延に帰山された。

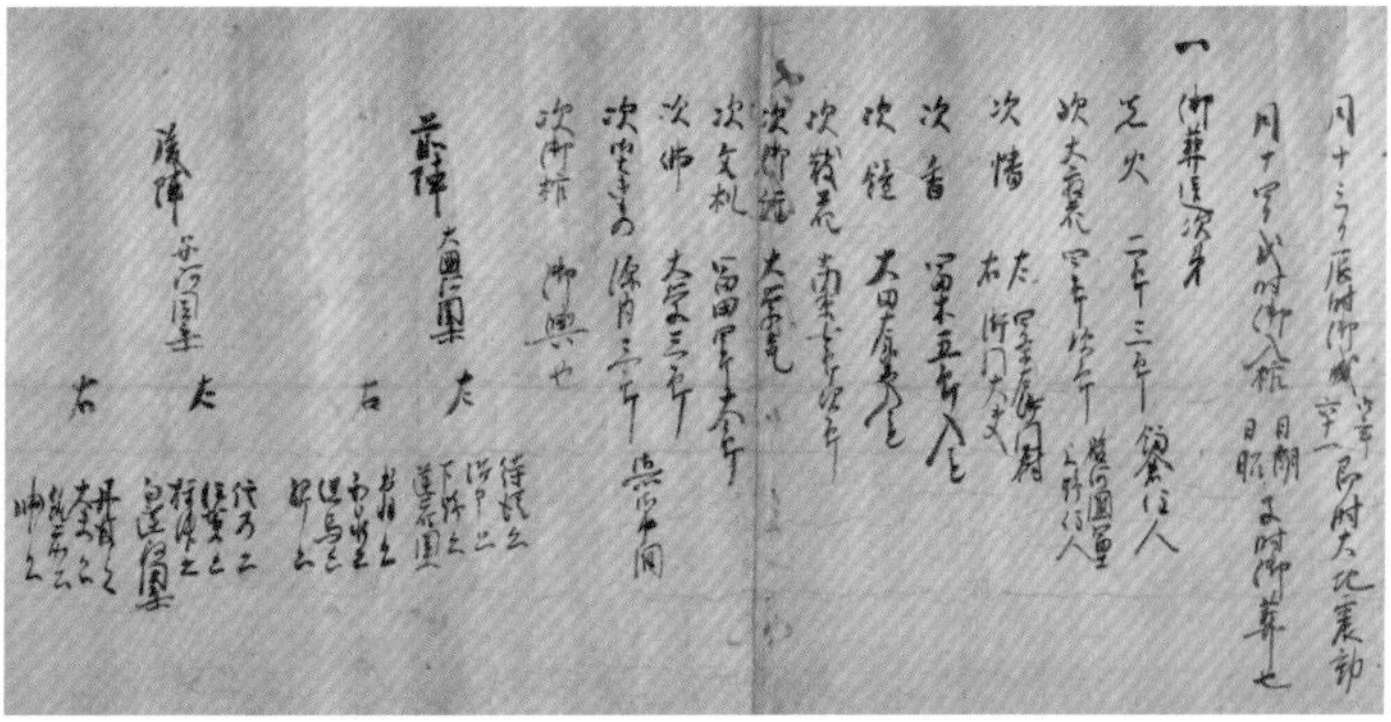

日興上人筆『宗祖御遷化記録』（西山本門寺蔵）

本門弘通の大導師

身延山久遠寺の別当（貫首《かんず》）として入山された日興上人は、本門弘通の大導師として本門戒壇の大御本尊を守護されるとともに、御霊骨の廟舎《びょうしゃ》を定められるなど、一切の指揮を執られた。

しかしその後、数年を経ると、地頭の波木井実長《はきりさねなが》は六老僧の一人である民部日向《みんぶにこう》に誑惑《おうわく》されて数々の謗法を犯すに至り、初発心《しょほっしん》の師である日興上人のたび重なる訓戒《くんかい》も聞き入れなくなった。

そこで日興上人は、これ以上、身延の山に留まっていては大聖人の正法正義を厳守することはできないと考えられ、かねて、

「地頭の不法ならん時は我も住むまじ」

（美作房御返事《みまさかぼうごへんじ》・聖典六九一ジペー）

との大聖人の御遺言、さらには、

「富士山に本門寺の戒壇を建立せらるべきなり」

（日蓮一期弘法付嘱書・御書一六七五ジペー）

との御遺命によって、身延離山《りざん》を決意された。

そして正応《しょうおう》二（一二八九）年春、日興上人は本門戒壇の大御本尊をはじめ、大聖人の御霊骨、御書、御遺物の一切を捧持して、日目《にちもく》・日華《にっけ》・日秀・日尊《にちぞん》等の弟子と共に身延の地を離れられた。

その後、駿河国富士上野の地に移られた

大石寺創建の図

日興上人は地頭・南条時光《ときみつ》から大石ヶ原《おおいしがはら》の寄進を受け、翌正応三年十月十二日、大石寺を創建し、万代にわたる仏法流布の礎《いしずえ》を築かれた。

爾来《じらい》七百三十有余の星霜《せいそう》、日蓮大聖人の法灯は連綿《れんめん》として多宝富士大日蓮華山大石寺に伝えられ、一閻浮提広宣流布と末法万年の衆生救済のため、僧俗異体同心《いたいどうしん》して精進しているのである。

総本山大石寺三門

日蓮大聖人略年表

年表の見方

一、本年表の符号は次の通り。
イ、◎は「この時期」を表す。
ロ、○は「この年」を表す。
ハ、▽は「この頃」を表す。
ニ、○付き数字は閏月を表す。

二、各事項末尾の（　）は出典書名を表す。なお漢数字のみの場合は平成新編御書頁を表す。出典書名の略号は次の通り。

歴全……日蓮正宗歴代法主全書
石文……大石寺文書
大過去帳…大石寺大過去帳
聖典……日蓮正宗聖典（改訂版）
熱原年譜…熱原法難史関係年譜
別統……本化別頭仏祖統紀
画讃……日蓮上人註画讃
霊場記……法華霊場記
八幡……八幡愚童訓
奥……同書奥書

年号	西暦	聖寿	月日	御事跡並に関連事項
承久3	一二二一		5・14	承久の乱起こる
貞応元	一二二二	1	2・16	安房東条郷片海に誕生、幼名善日麿　（四三八・一七〇九・聖典七三五）
寛喜2〜3	一二三〇〜一二三一			大飢饉（吾妻鏡）
天福元	一二三三	12	春	安房清澄寺に登る（聖典七三五）
嘉禎3	一二三七	16	○	道善房について得度し是聖房蓮長と名乗る（一二五八・一七〇八）
暦仁元	一二三八	17	11・14	安房清澄寺において授決円多羅義集唐決上を写す（奥）
			○	鶴岡八幡において大蔵経を閲覧す（別統）
仁治2	一二四一	20	2・7	鎌倉大地震（吾妻鏡）
			4・3	再び鎌倉大地震（吾妻鏡）
仁治3	一二四二	21	○	戒体即身成仏義を著す（一）
			○	叡山遊学（別統）
寛元4	一二四六	25	3・8	日興 甲斐大井庄鰍沢に誕生（聖典七四五・同七五六）
			○	三井および南都に遊学し又京泉涌寺に道隆を訪う（別統）
宝治元	一二四七	26	○	南都薬師寺に大蔵経を閲覧す（別統）
建長3	一二五一	30	11・24	京都五条坊門富小路において五輪九字明秘密釈を写す（奥）

建長5	一二五三	32	3・28	安房清澄寺に宗旨建立の内証を宣示（九四六・聖典七三五）
			◎	日蓮と名乗り、父母に授戒（大日蓮六七五）
			4・28	安房清澄寺において立教開宗（一三九六・一五三九）
			◎	草庵を鎌倉松葉ヶ谷に構える（画讃）
			6・10	鎌倉大地震（吾妻鏡）
建長6	一二五四	33	1・10	鎌倉大火（吾妻鏡）
			7・1	鎌倉甚雨・暴風（吾妻鏡）
康元元	一二五六	35	8・6	鎌倉大風・洪水・疫病流行（吾妻鏡）
正嘉元	一二五七	36	8・1	鎌倉大地震（吾妻鏡）
			8・23	鎌倉大地震、寺社一宇も残さず損壊（三六七・四一九・吾妻鏡）
			11・8	鎌倉大地震（吾妻鏡）
正嘉2	一二五八	37	◎	駿河岩本実相寺において大蔵経を閲覧（聖典七五七）
			○	駿河岩本実相寺学徒伯耆公〔日興〕入室し名を伯耆房と賜る（聖典七五七）
			2・14	大聖人父妙日卒（大過去帳）
			2・14	一代聖教大意を著す（八三）
			8・1	大風雨により諸国の田園損亡（三六七・吾妻鏡）

年号	西暦	聖寿	月日	御事跡並に関連事項
			10・16	鎌倉大雨・洪水（吾妻鏡）
正元元	一二五九	38	○	守護国家論を著す（一一七）
			春	諸国大飢饉・大疫病（三六七・皇代略記）
文応元	一二六〇	39	2月	災難対治抄を著す（一九一）
			5・28	唱法華題目抄を著す（二一七）
			7・16	立正安国論を幕府に献ず［第一国諫］（二三四・三七〇）
			8・5	諸国大風（吾妻鏡）
			8・27	松葉ヶ谷法難（一一五〇）
			○	下総富木邸に百座説法（霊場記）
			○	諸国飢疫止まず（三六七）
弘長元	一二六一	40	5・12	伊豆川奈へ配流、日興供奉（一三九六・聖典七五六）
			◎	伊東の地頭八郎左衛門より海中出現の仏像を受ける（二六二）
弘長2	一二六二	41	1・16	四恩抄を著す（二六四）
			2・10	教機時国抄を著す（二六九）
			○	顕謗法抄を著す（二七四）
弘長3	一二六三	42	2・22	流罪赦免、鎌倉に帰る（一〇二九）

文永元	一二六四	43	11・22	北条時頼法名道崇 最明寺において卒37（吾妻鏡）
			7・5	大彗星（三六九）
			秋	安房に帰り母の病気平癒を祈る（七六〇）
			11・11	小松原法難、鏡忍房・工藤吉隆殉難（三二六）
			11・14	安房花房蓮華寺において師道善房と会す（四四四）
文永2	一二六五	44	3・8	南条兵衛七郎 法号行増〔時光父〕卒（大過去帳）
			○	南条兵衛七郎の墓参のため駿河上野に下向（七四一）
文永3	一二六六	45	1・6	法華題目抄を著す（三五三）
文永4	一二六七	46	8・15	大聖人母妙蓮尼卒（大過去帳）
文永5	一二六八	47	4・5	安国論御勘由来を法鑑房に与える（三六七）
			8・21	書を宿屋入道に与える〔宿屋入道許御状〕（三七〇）
			9月	書を再び宿屋入道に与える〔宿屋入道再御状〕（三七〇）
			10・11	十一通御書を著す（三七一）
文永8	一二七一	50	6・18〜7・4	良観 雨を祈る（一〇五八）
			9・10	評定所に召出され平頼綱に見参（四七六）
			9・12	平頼綱を諫める〔第二国諫〕（八六七）
			9・12	竜口法難（一〇三〇・一〇五九）

年号	西暦	聖寿	月日	御事跡並に関連事項
			9・13	相模依智本間邸に送られる（一〇三〇・一〇六〇）
			◎	日朗等五人投獄される（四七九）
			10・9	本尊を顕す［楊子本尊］
			10・10	相模依智本間邸を発ち佐渡に向かう、日興供奉（四八四・聖典七四五）
			10・21	越後寺泊に着く（四八四）
			10・28	佐渡に着く（一〇六二）
			11・1	佐渡塚原の配所に入る（一〇六二）
文永9	一二七二	51	1・16～17	塚原問答（五八一・一〇六四）
			1・16	本間重連に自界叛逆を予言（一〇六五）
			2・7～15	二月騒動
			2・11	生死一大事血脈抄を著す（五一三）
			2月	開目抄を著す（五二三）
			夏	一谷へ移居（八二九）
文永10	一二七三	52	4・25	如来滅後五五百歳始観心本尊抄を著す（六四四）

文永11	一二七四	53	5・17	諸法実相抄を著す（六六四）
			5月	如説修行抄を著す（六七〇）
			○	当体義抄を著す（六九二）
			3・8	赦免状 佐渡に着く（一〇六七）
			3・13	一谷を発つ、日興供奉（九六〇・聖典七四五）
			3・14	真浦滞留（九六〇）
			3・16	越後柏崎へ着く（九六〇）
			3・26	鎌倉に着く（一〇三〇）
			4・8	平頼綱に見参［第三国諌］（一〇三〇）
			5・12	鎌倉を発つ（一〇三〇）
			5・17	甲斐国波木井郷に着く（七三〇）
			5・24	法華取要抄を著す（七三一）
			6・17	身延沢に庵室成る（一一八九）
			▽	日興 駿河岩本実相寺方面に往復して弘教する（熱原年譜）
			10・5	蒙古襲来［文永の役］（八三〇）
			○	日目 初めて日興に謁する15歳（聖典七五四）
建治元	一二七五	54	6・10	撰時抄を著す（八三四）

年号	西暦	聖寿	月日	御事跡並に関連事項
			▽	日興の教化により駿河熱原滝泉寺寺家下野房日秀・越後房日弁・少輔房日禅・三河房頼円および在家若干帰伏して弟子となる(熱原年譜)
			6月	滝泉寺大衆の改宗により院主等謗徒の迫害起こる
建治2	一二七六	55	3・16	清澄寺の道善房寂（大過去帳）
			4・8	日目 伊豆走湯山円蔵坊において日興により得度（聖典八一一）
			4月	兄弟抄を著す（九七七）
			7・21	報恩抄を著す（九九九）
			7・26	日向等をして報恩抄を道善房の墓前において読ませる（一〇三八）
			11・24	日目 身延山に詣で常随給仕す（聖典七五四）
建治3	一二七七	56	4月初旬	四信五品抄を著す（一一一一）
			6・9	三位公 鎌倉桑ヶ谷において竜象房と問答する（一一二六）
			6・23	四条金吾 江馬入道より勘気を蒙る（一一二六）
			6・25	四条金吾に代わって陳状を書く［頼基陳状］（一一二六）
			6月	因幡房日永に代わって書を下山兵庫五郎光基へ与える［下山御消息］（一一三七）
			12・30	示病（一二四〇）

弘安元	一二七八	57	▽	身延の草庵を修理す（一一八九）
			1・1	就註法華経口伝〔御義口伝〕成る（一七一九）
			▽	熱原神四郎・弥五郎・弥六郎入信（歴全一―九四）
			3・19	門弟に法華経の講を始める〔御講聞書〕（一八一六）
			9月	本尊問答抄を著す（一二七四）
弘安2	一二七九	58	4・8	法華行人四郎男 法敵のために傷害される（一四〇四）
			8月	弥四郎男 法敵に首を斬られる（一四〇四）
			8月	異体同心事を著す（一三八九）
			9・21	駿河熱原の信士神四郎等二十人 滝泉寺行智等に讒せられ鎌倉に送られる〔熱原法難〕（一四〇二）
			10・12	本門戒壇の大御本尊を造立
			10・12	和泉公日法 一体三寸の造り初めの御影を造立、大聖人印可（聖典九〇五）
			10・15	熱原神四郎・弥五郎・弥六郎鎌倉に刑死、他十七人放免（一四〇五・歴全一―九四）
			10月	三世諸仏総勘文教相廃立〔総勘文抄〕を著す（一四〇八）
			○	日興に上行所伝三大秘法口決を相伝する（一七〇三）

年号	西暦	聖寿	月日	御事跡並に関連事項
弘安3	一二八〇	59	1・11	日興に具騰本種正法実義本迹勝劣正伝〔百六箇抄〕を相伝する（一六八五）
			12月	諫暁八幡抄を著す（一五三〇）
弘安4	一二八一	60	5・21	蒙古襲来［弘安の役］（一五六五・八幡）
			⑦・1	蒙古船 大風に遭い難破大敗する（一五七一）
			11・24	身延に十間四面の大坊成る（一五七七）
			○	園城寺申状を日興に付し、日目代奏［初度天奏］（歴全二－一四五・歴全二－一八七）
弘安5	一二八二	61	4・8	三大秘法稟承事を著す（一五九三）
			9月	日興を唯授一人本門弘通の大導師と定め日蓮一期弘法付嘱書を賜う（一六七五）
			9・8	身延出山（聖典七六七）
			9・18	池上着（一五九六・一八六三）
			◎	日目に命じて伊勢法印を論破せしめる（聖典七五四）
			9・25	池上に立正安国論を講ずる（歴全二－一二二・聖典七六七）
			10・8	日興に産湯相承を相伝する（一七〇八）